MW00931726

This Journal Belongs To:

____

Yearly Overview

January

February

March

April

May

June

July

August

September

October

November

December

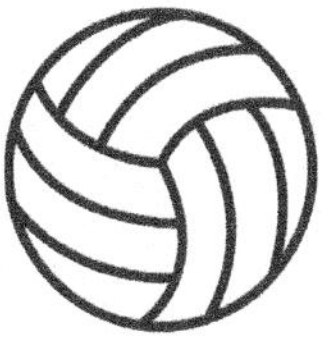

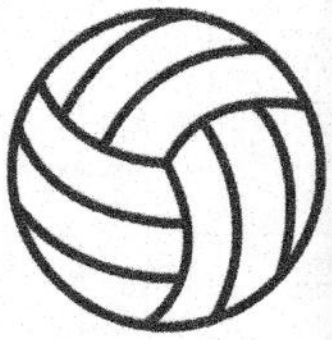

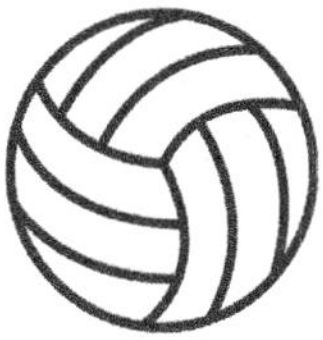

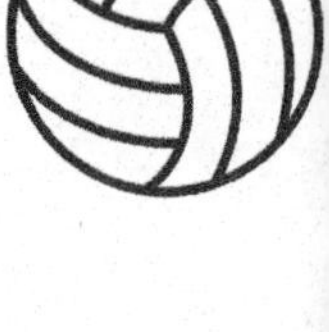

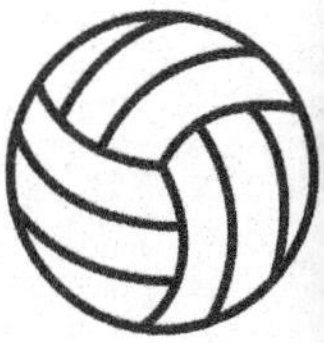

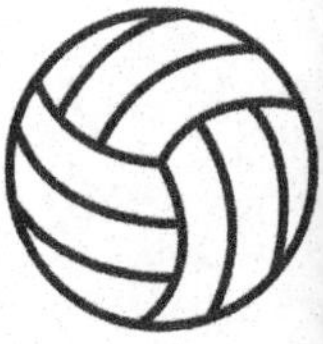

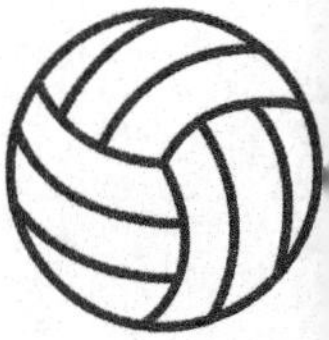

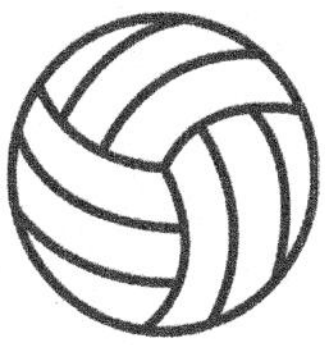

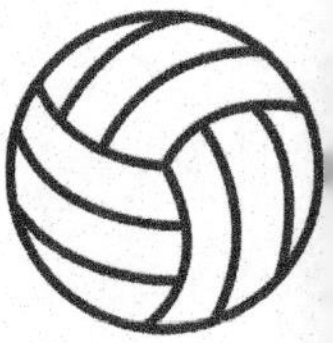

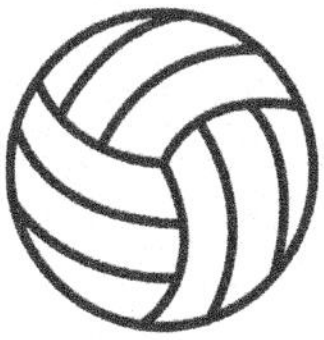

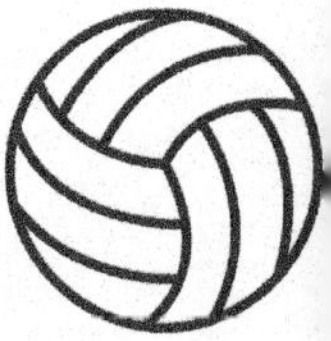

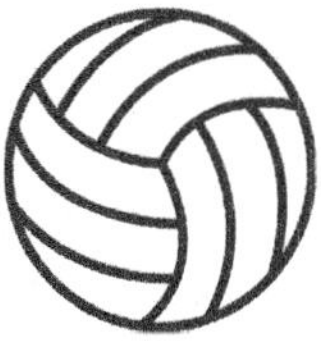

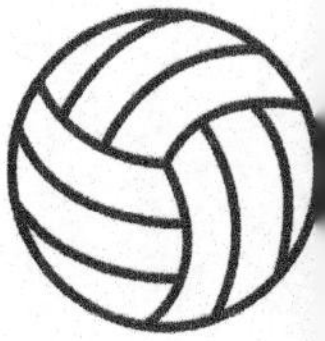

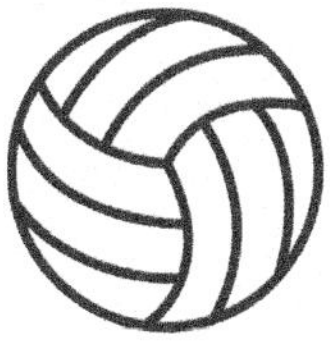

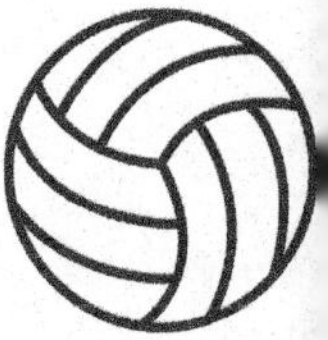

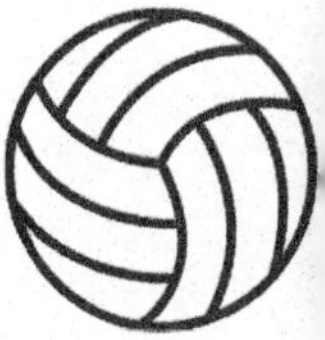

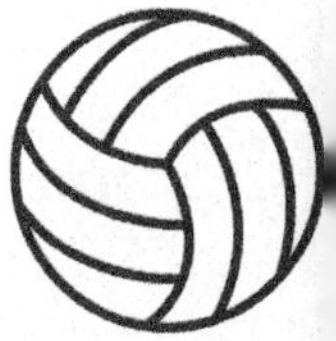

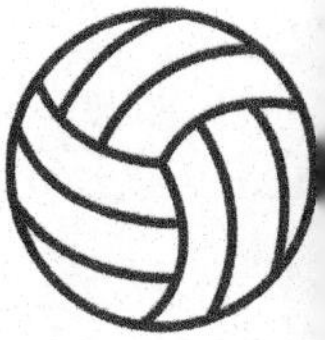

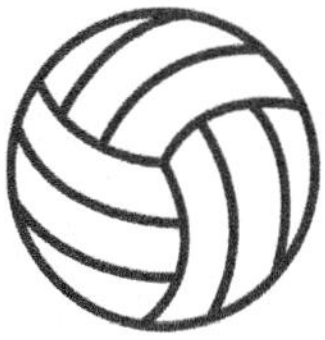

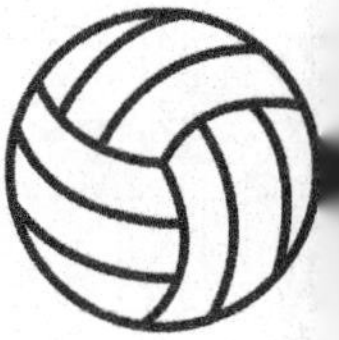

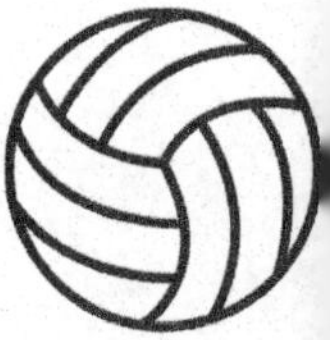

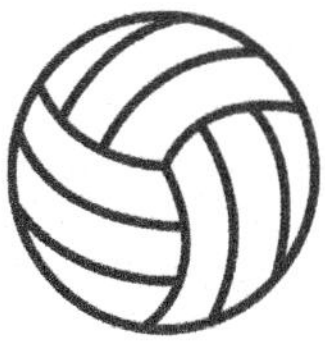

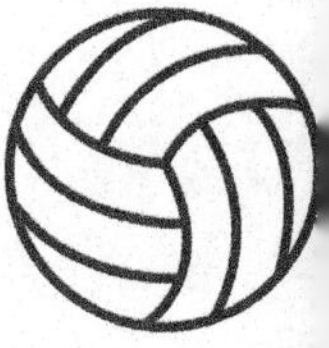

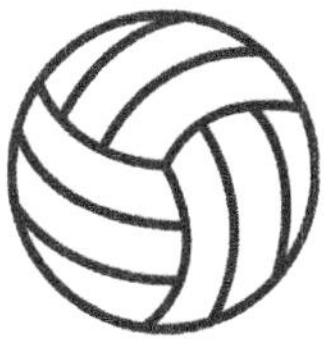

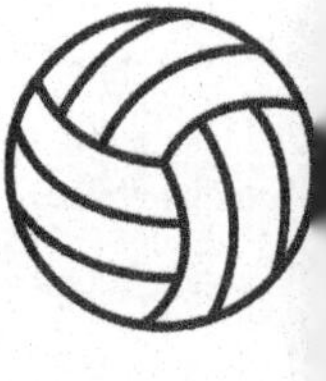

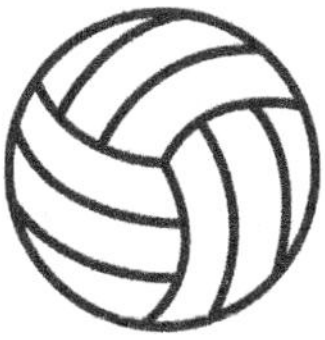

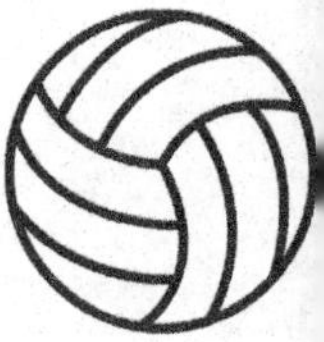

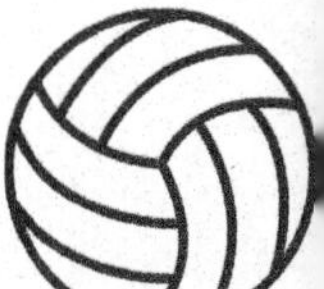

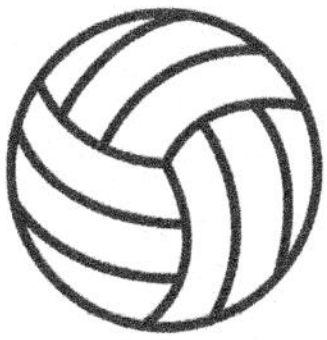

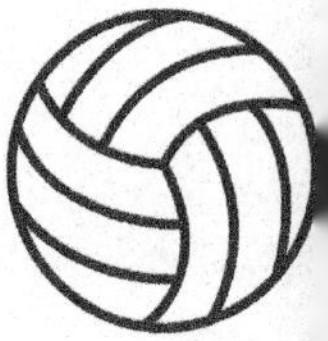

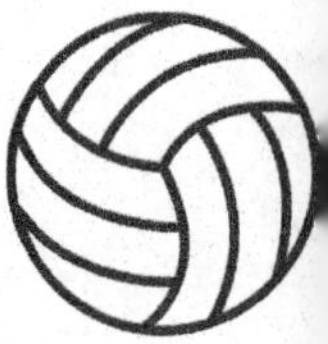

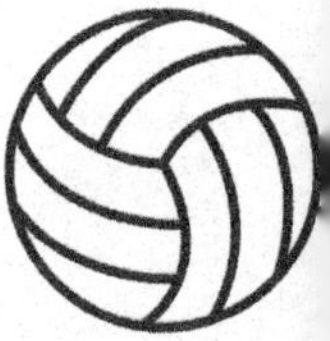

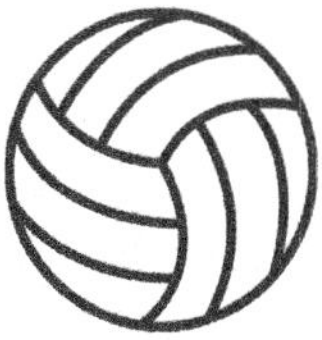

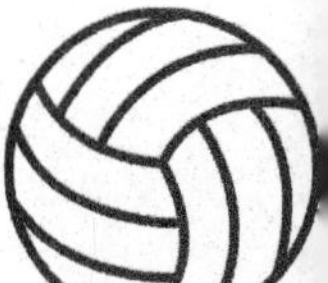

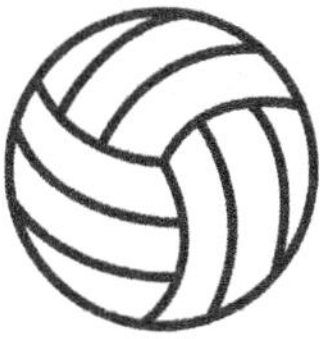

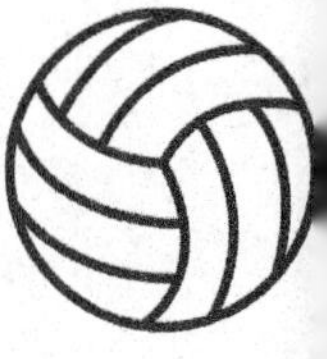

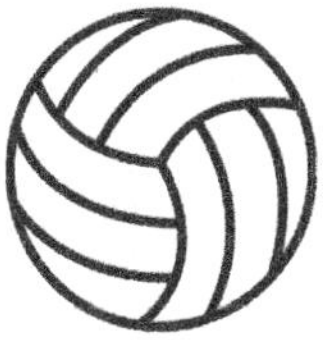

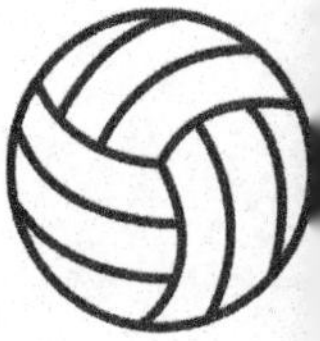

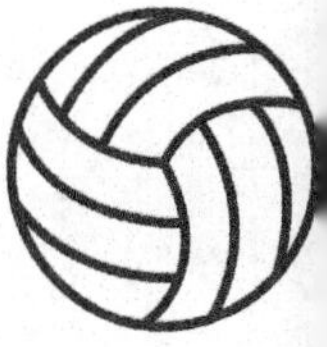

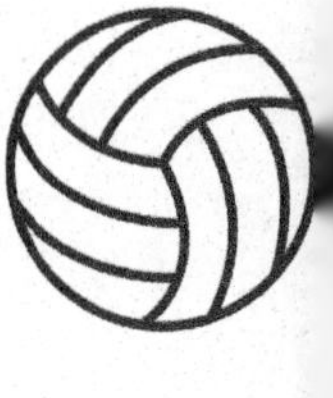

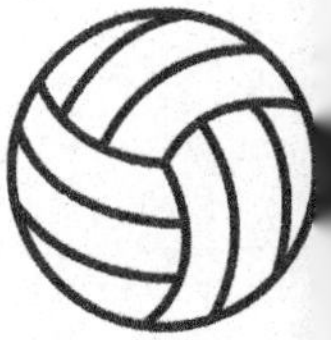

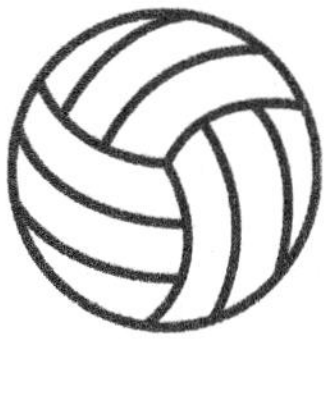

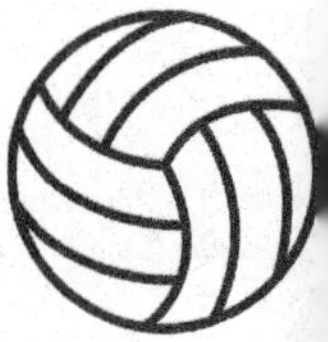

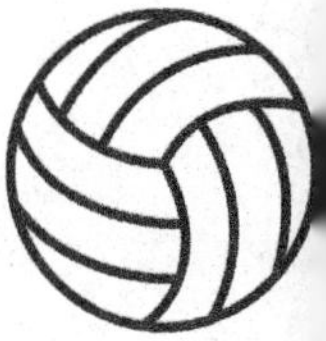

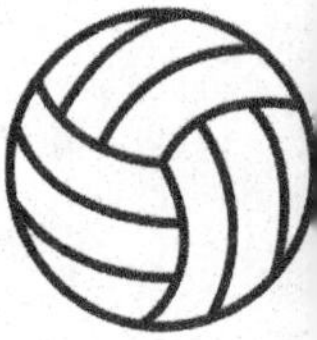

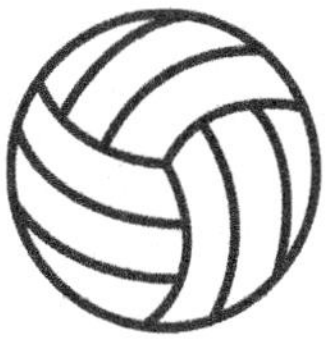

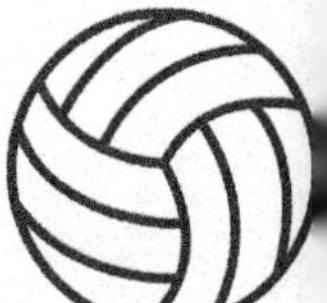

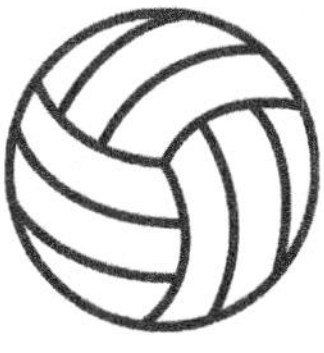

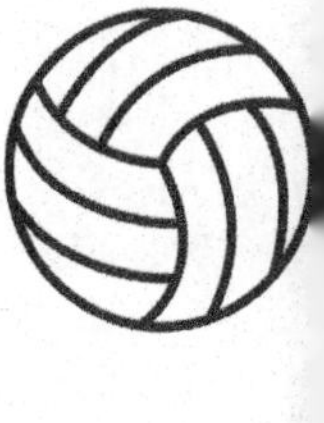

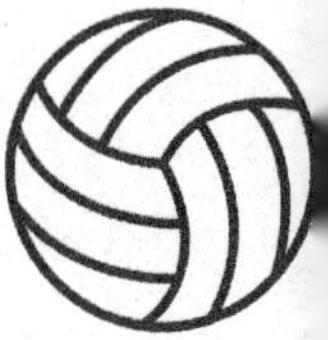

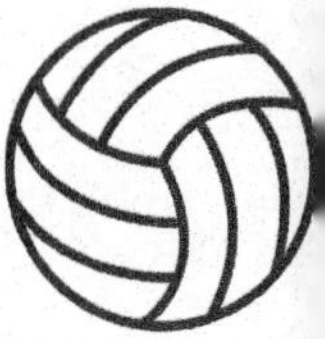

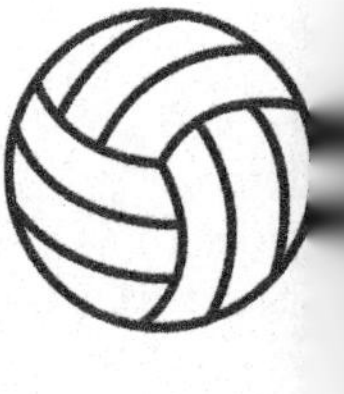

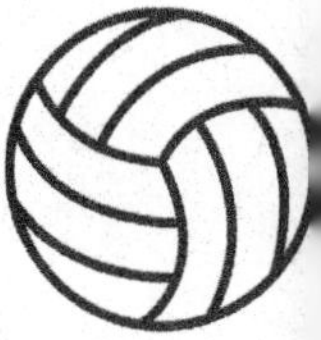

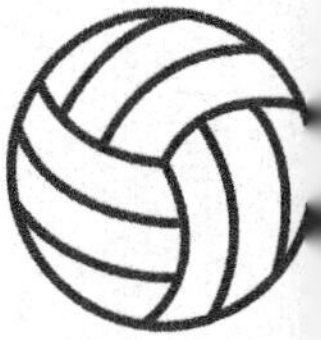

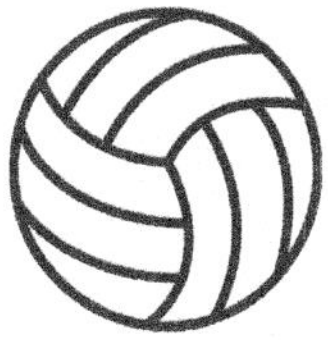

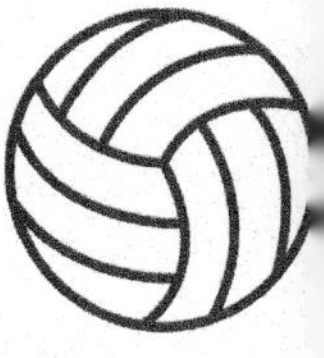

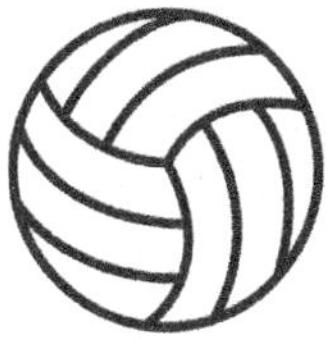

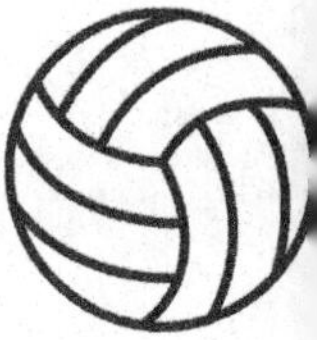

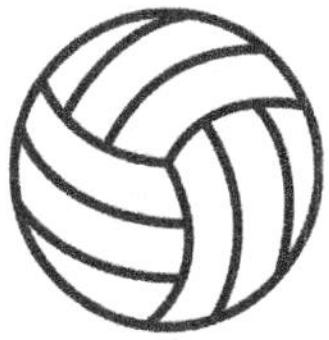

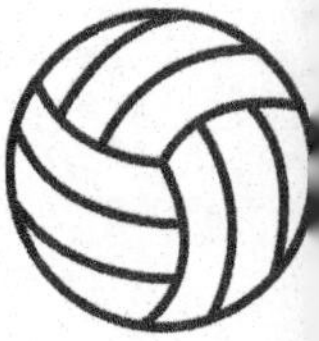

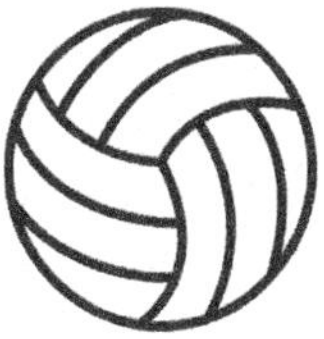

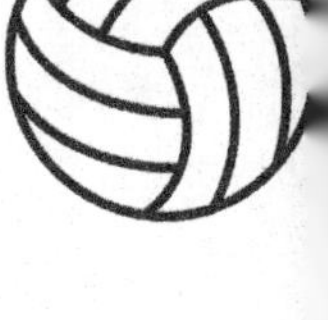

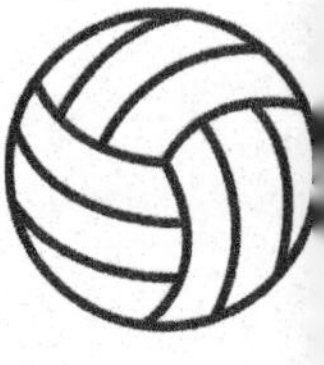

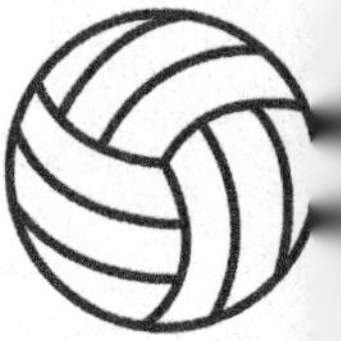

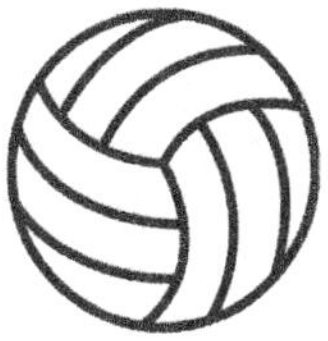

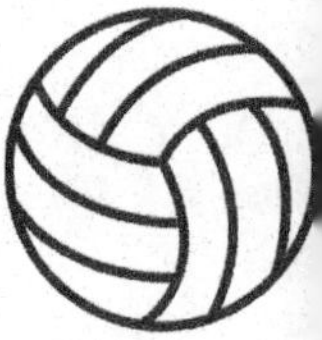

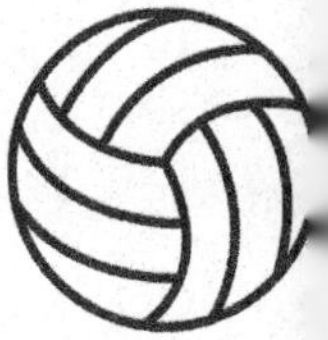

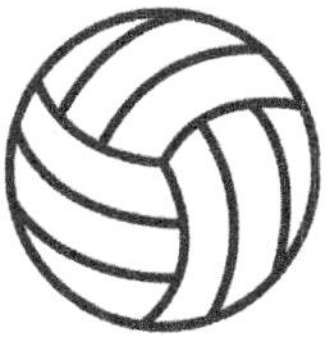

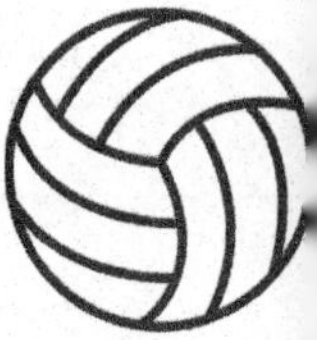

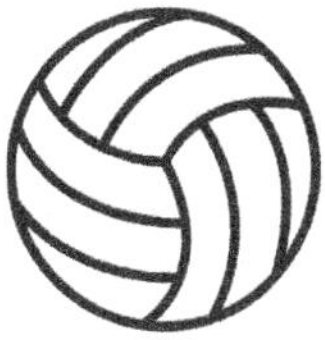

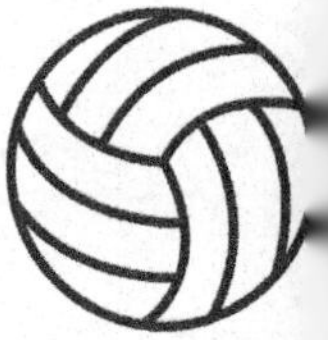

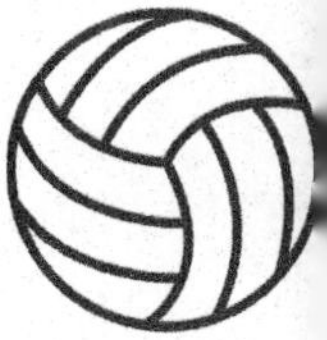

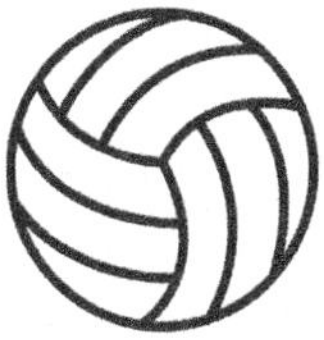

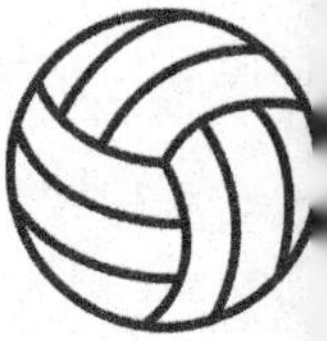

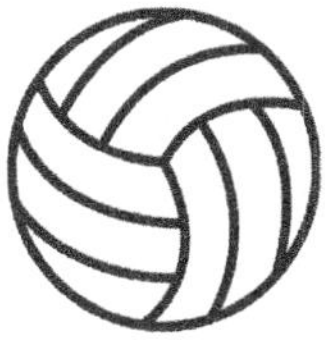

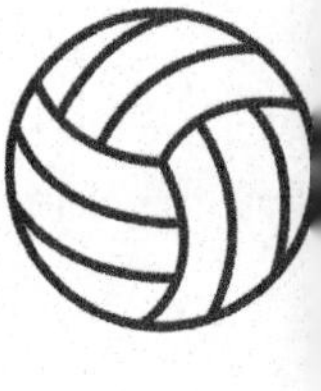

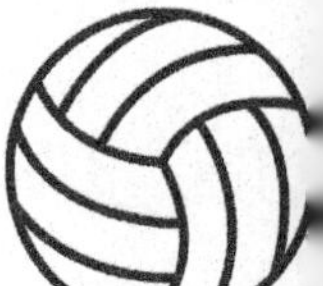

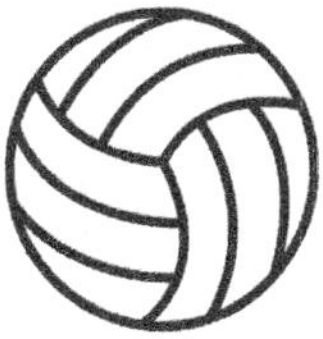

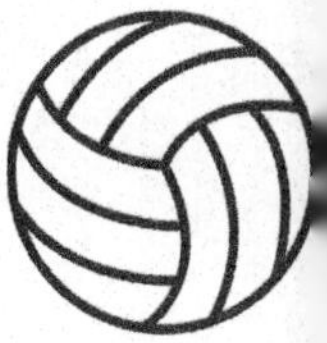

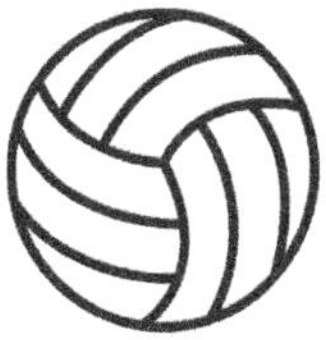

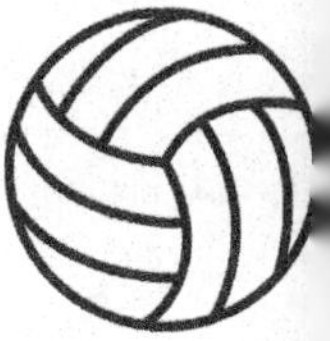

Made in the USA
Monee, IL
30 May 2022

97247018R00063